RÈGLEMENT ORGANIQUE

DU

Personnel des Bureaux de la Préfecture

ET DES

SOUS-PRÉFECTURES

DE LA

CORSE

ET RÈGLEMENT INTÉRIEUR DES BUREAUX

RÈGLEMENT ORGANIQUE

DU

Personnel des Bureaux de la Préfecture

ET DES

SOUS-PRÉFECTURES

DE LA

CORSE

ET RÈGLEMENT INTÉRIEUR DES BUREAUX

ARRÊTÉ

Le Préfet de la Corse, Chevalier de la Légion d'Honneur,

Vu la loi de pluviôse, an VIII, donnant aux Préfets et aux Sous-Préfets l'administration civile des départements;

Vu les lois des 21 mars 1905 et 17 avril 1916, réservant certains emplois des bureaux des préfectures et des sous-préfectures aux anciens militaires et marins retraités ou blessés ou infirmes du fait de la guerre ;

Vu la loi du 1er avril 1920, sur la réorganisation des bureaux des préfectures et sous-préfectures et à l'attribution d'un statut au personnel de ces services ;

Vu le décret en date du 17 juillet 1920, portant règlement d'administration publique pour l'application de la loi du 1er avril 1920 ;

Vu les arrêtés en date des 20 septembre 1920 et 14 mai 1921, approuvés par M. le Ministre de l'Intérieur les 15 octobre 1920 et 28 mai 1921, fixant les cadres effectifs des bureaux de la préfecture et des sous-préfectures du département conformément aux délibérations du Conseil général des 13 mai et 4 octobre 1920 et 7 mai 1921 ;

Sur la proposition de M. le Secrétaire général de la préfecture,

ARRÊTE :

ART. 1er. — Le personnel des bureaux de la préfecture et des sous-préfectures de la Corse est régi par les prescriptions ci-après, en ce qui concerne le recrutement, l'avancement et la rémunération :

TITRE 1er

Organisation — Composition — Cadres.

ART. 2. — Le personnel des bureaux de la préfecture et des sous-préfectures comprend :

Le Cabinet du Préfet.

Le personnel des divisions de la préfecture et des bureaux des sous-préfectures.

Le personnel du greffe du conseil de préfecture.

Le personnel du service des archives, à l'exclusion de l'archiviste.

Les employés départementaux des services d'inspection ou de contrôle de l'Assistance et de l'hygiène publiques, à l'exclusion des contrôleurs sur place ou inspecteurs de ces services.

Les huissiers, garçons de bureau et concierges.

Art. 3. — Les seuls grades ou emplois admis pour le personnel des bureaux de la préfecture et des sous-préfectures sont ceux de :

Chef de cabinet,

Chef-adjoint ou sous-chef de cabinet,

Chef de division,

Chef de bureau.

Rédacteur ou rédacteur principal.

Expéditionnaire.

Dactylographe.

Huissiers, garçons de bureau et concierges.

Ce personnel est constitué en bureaux et en divisions a l'exception des employés attachés au cabinet et de ceux visés au paragraphe 6 de l'article précédent, quand leur effectif ne comporte pas cette organisation.

Un bureau comprend 1 chef de bureau et au moins trois employés dont 2 rédacteurs ou rédacteurs principaux.

Une division comprend au moins deux bureaux.

Art. 4. — Le cabinet du Préfet comprend :

1° le personnel hors cadre, recruté et organisé par le Préfet dans les conditions fixées par la circulaire du 25 avril 1920 et recevant un complément de traitement prélevé sur le crédit annuel de 3.000 francs mis à sa disposition par le Conseil général. Tout employé de cette catégorie, qui demandera à passer dans les bureaux, devra subir avec succès les épreuves du concours d'admission à l'emploi qu'il vise ;

2° le personnel permanent du bureau du cabinet appartenant au cadre de la préfecture et comprenant :

Un chef de bureau du cabinet.

Deux rédacteurs ou rédacteurs principaux.

Deux dactylographes.

ART. 5. — Les cadres du personnel des bureaux de la préfecture et des sous-préfectures de la Corse sont fixés ainsi qu'il suit :

Divisions d'administration.

3 Chefs de division.
7 Chefs de bureau.
12 Rédacteurs (stagiaires ou titulaires et principaux).
7 Expéditionnaires.
4 Dactylographes.
5 Huissiers, garçons de bureau et concierges.

Greffe du Conseil de Préfecture

1 Chef de bureau.

Sous-préfecture de Bastia

1 Secrétaire en chef ayant rang de chef de bureau.
4 Rédacteurs (stagiaires ou titulaires et principaux).
1 Dactylographe.
1 Garçon de bureau.

Sous-préfecture de Calvi

1 Secrétaire en chef ayant rang de chef de bureau.
1 Rédacteur (stagiaire ou titulaire et principal).
1 Dactylographe.
1 Garçon de bureau.

Sous-préfecture de 'orte

1 Secrétaire en chef ayant rang de chef de bureau.
2 Rédacteurs (stagiaires ou titulaires et principaux).
1 Dactylographe.
1 Garçon de bureau.

Sous-préfecture de Sartène

1 Secrétaire en chef ayant rang de chef de bureau.
2 Rédacteurs (stagiaires ou titulaires et principaux).
1 Dactylographe.
1 Garçon de bureau.

Service des archives

1 chef de bureau (adjoint à l'archiviste départemental.)
1 garçon de bureau (relieur),

Service d'inspection et de contrôle de l'assistance et de l'hygiène publiques

2 Chefs de bureau.
5 Rédacteurs (stagiaires ou titulaires et principaux).
6 Expéditionnaires.
1 Dactylographe.

Ces employés se répartissent dans chaque grade suivant les classes ci-après :

Chefs de division	6	classes.
Chefs de bureau	5	--
Rédacteurs principaux	4	—
Rédacteurs	6	—
Rédacteurs stagiaires	»	—
Expéditionnaires — Dactylographes	7	—
Huissiers, garçons de bureau et concierges.	10	—

ART. 6. — Le greffe du Conseil de préfecture est dirigé par un greffier, du grade de rédacteur ou de chef de bureau, suivant l'ancienneté.

ART. 7. — Le personnel de chaque sous-préfecture forme un seul bureau dirigé par un fonctionnaire portant le titre de secrétaire en chef et ayant le grade de chef de bureau.

ART. 8. — L'archiviste départemental et le directeur des services vétérinaires continuent à être régis par les dispositions spéciales qui les concernent respectivement.

Les employés du service des archives ayant accès aux

grades de rédacteur principal et de chef de bureau, débutent aux archives mêmes, en qualité de rédacteur, après concours spécial. La répartition maximum des grades prévus à l'article 5 ne peut, en aucun cas, être dépassée.

TITRE II

Conditions de recrutement

ART. 9. — Conformément aux dispositions des lois du 21 mars 1905 et 16 avril 1916, les emplois d'expéditionnaires, d'huissiers, garçons de bureau et concierges sont réservés aux anciens militaires, remplissant les conditions d'aptitude fixées par ces lois.

A défaut de candidats militaires, les expéditionnaires sont recrutés par la voie d'un concours dans les conditions fixées à l'article 14 du présent règlement. Les huissiers, garçons de bureau et concierges seront, dans ce cas, choisis par le Préfet parmi les candidats à ces emplois. âgés d'au moins de 30 ans, remplissant les conditions d'honorabilité désirables et ayant satisfait aux obligations de la loi militaire.

ART. 10. — Sous la réserve mentionnée à l'article précédent, le personnel de la préfecture et des sous-préfectures est exclusivement recruté au concours par catégorie d'emplois.

ART. 11. — Peuvent prendre part à ces concours, les français des deux sexes jouissant de leurs droits, préalablement agréés par le Préfet et justifiant, par la production des pièces nécessaires :

Qu'ils ont 18 ans révolus au moins et 30 ans au plus à la date du concours. La limite d'âge ci-dessus est reculée d'un temps égal à la durée des services antérieurs civils ou militaires ouvrant des droits à une pension de retraite.

Qu'ils ont la jouissance de leurs droits civils et politiques et qu'ils ont été inscrits, si leur âge le comporte, sur les tableaux de recrutement de l'Armée.

Qu'ils sont de bonne constitution et ne sont atteints ni

de tuberculose, ni d'aucune maladie ou infirmité les ren=
dant incapables de se livrer avec assiduité et sans gêne
pour leurs collègues, à un travail de bureau.

Ils seront astreints à une visite médicale passée dans les
conditions imposées dans les administrations de l'Etat.

Qu'ils sont de bonnes vie et mœurs.

En outre, les femmes mariées fournissent une expédition
de leur acte de mariage, les veuves une expédition de l'acte
de décès de leur mari, les femmes divorcées une expédition de l'acte de l'état-civil contenant mention marginale
du jugement ou de l'arrêt qui a prononcé le divorce.

Toutes, devront établir par un certificat du Maire ou du
Commissaire de police, que leur mari est ou était français.
Ces pièces doivent être établies sur papier timbré et légali-
sées.

Art. 12. — Les dates des concours sont fixées par
arrêtés du Préfet. Ces arrêtés fixent également le nombre de
places mises au concours. Ce nombre est limité à celui des
emplois dont la vacance peut être prévue pour l'année qui
suit. Ces arrêtés sont publiés quarante jours à l'avance.
Les candidats se font inscrire au Secrétariat général de la
préfecture dans les vingt jours qui suivent la date de l'arrêté. La liste des inscriptions est close à l'expiration de ce
délai. Dix jours avant l'ouverture des épreuves, le Préfet
arrête la liste des candidats admis à concourir et la dépose
au Secrétariat général de la préfecture.

Art. 13. — Le concours d'admission pour l'emploi de
rédacteur comporte des épreuves écrites et orales, cotées de
0 à 20, savoir :

Épreuves écrites.

1º Une épreuve de rédaction, portant sur un sujet d'ordre
général : durée 4 heures, cœfficient 4.

2º Une composition portant sur les matières suivantes :
Éléments de droit civil : actes de l'état-civil. Tutelle. De la
distinction des biens. Usufruit. Des servitudes. Des obligations en général. Des privilèges et hypothèques.

Eléments de droit administratif. — Organisation des autorités administratives et des conseils administratifs — Personnes morales du droit administratif — Contentieux et tribunaux administratifs — Loi du 5 avril 1884 — Lois des 10 août 1871 et 30 juin 1907 — Lois sociales — Coopération — Mutualité — Crédit agricole — Assistance.

Durée 2 heures, cœfficient 3.

3º Deux problèmes d'arithmétique : durée 2 heures — Cœfficient 1.

Pour être admissible aux épreuves orales, tout candidat doit obtenir un minimum de points égal à 96, sans bonification.

Les épreuves orales comportent :

1º Une interrogation de droit administratif ou de droit constitutionnel — Cœfficient 2.

2º Une interrogation sur le droit civil — Cœfficient 1.

3º Une interrogation sur l'Histoire générale de la France de 1815 à nos jours, sur la géographie administrative de la France et en particulier de la Corse — Cœfficient 1.

Tout candidat, pour être classé à l'emploi de rédacteur, doit obtenir entre les deux séries d'épreuves un minimum de 144 points sans bonification.

Toute note inférieure à 5 sur 20, pour l'une quelconque des épreuves, entraîne l'exclusion du candidat.

Les majorations suivantes, calculées sur le nombre de points obtenus par le candidat, sont accordées pour les épreuves écrites seulement, à ceux se trouvant dans les conditions ci-après :

6% aux anciens militaires dont le droit à pension aura été reconnu par application de la loi du 31 mars 1919.

10% à ceux de ces derniers qui auront, en outre, été déclarés par la commission de réforme inaptes au service militaire.

Art. 14. — Le concours d'admission à l'emploi d'expéditionnaire, à défaut de candidats militaires, comprend les épreuves suivantes, cotées de 0 à 20 :

Epreuves écrites.

1° Une dictée, qui sert en même temps d'épreuve d'écriture et qui constitue une épreuve éliminatoire.

Tout candidat ayant plus de six fautes est éliminé. Il est donné aux candidats un quart d'heure pour se relire. Cœfficient 2.

2° Deux problèmes d'arithmétique élémentaire : durée 1 heur', cœfficient 1.

3° Copie d'un état dont le modèle sera donné. Cet état doit comporter pour les en-têtes les différents genres d'écriture que connaît le candidat : durée 2 heures, cœfficient 1.

Ne peuvent être admis à subir les épreuves orales, que les candidats ayant obtenu un minimum de 48 points sans bonification.

Epreuves orales.

1° Une interrogation sur les notions élémentaires du droit constitutionnel et du droit administratif. — Cœfficient 2.

2° Une interrogation sur la géographie administrative de la France. — Cœfficient 1.

Ne peuvent être classés pour l'emploi d'expéditionnaire que les candidats ayant obtenu un minimum de 84 points sans bonification.

Les majorations suivantes, calculées sur le nombre de points obtenus par les candidats, sont accordées pour les épreuves écrites seulement, à ceux se trouvant dans les conditions ci-après :

6 °/₀ aux anciens militaires dont le droit à pension aura été reconnu par application de la loi du 31 mars 1919.

10 °/₀ à ceux de ces derniers qui auront, en outre, été déclarés par la commission de réforme inaptes au service militaire.

Art. 15. — Le concours d'admission à l'emploi de sténodactylographes comprend les épreuves suivantes, cotées de 0 à 20.

Épreuves écrites.

1° Une page d'écriture courante, avec écriture en ronde facultative. Dans la page, sont insérés des tableaux avec colonnes de chiffres indiquant les opérations des quatre règles : temps accordé, 1 heure. Cœfficient, 1. Éliminatoire à moins de 6 points sur 20.

2° Une dictée, éliminatoire à plus de six fautes. Il est donné aux candidats un quart d'heure pour se relire. Cœfficient, 2.

3° Une composition française : durée, 2 heures, cœfficient 2.

4° Copie d'un document à la machine à écrire : durée de la copie, 20 minutes, cœfficient 4.

5° Sténographie d'un texte lu et traduction de notes sténographiées en langage ordinaire : cœfficient 2.

Cette dernière épreuve consiste dans une dictée d'une durée totale de dix minutes aux vitesses suivantes :

5 minutes à 80 mots à la minute.

3 minutes à 90 mots à la minute.

2 minutes à 100 mots à la minute.

Transcription immédiate dans un délai maximum de 2 heures 1/2.

Ne peuvent être admis à subir les épreuves orales, que les candidats ayant obtenu un minimum de 132 points sans bonification.

Les épreuves orales comportent :

1° Une interrogation sur l'organisation administrative de la France. — Cœfficient 2.

2° Une interrogation sur la géographie de la France et en particulier de la Corse. — Cœfficient 1.

Ne peuvent être classés pour l'emploi de sténo-dactylographes, que les candidats ayant obtenu un minimum de 168 points sans bonification.

Les majorations suivantes, calculées sur le nombre de points obtenus par les candidats, sont accordées, pour les épreuves écrites seulement, à ceux se trouvant dans les conditions ci-après :

6 % aux anciens militaires dont le droit à pension aura été reconnu par application de la loi du 31 mars 1919.

10 % à ceux de ces derniers qui auront, en outre, été déclarés par la commission de réforme inaptes au service militaire.

Art. 16. — Le Jury de ces concours est composé ainsi qu'il suit :

Le Secrétaire général de la préfecture, président ;

Un Chef de division de la préfecture désigné par le Préfet ;

Une ou deux personnes qualifiées, suivant la nature des épreuves, désignées par le Préfet ;

Un employé de la préfecture, désigné par le Secrétaire général, est chargé des fonctions de secrétaire.

Si le concours est ouvert pour un emploi des archives, le Chef de division est remplacé par l'archiviste départemental.

La Commission fait l'appel des candidats, dicte les sujets des diverses épreuves, prend les mesures pour assurer la surveillance des candidats, arrête après correction des compositions, la liste des admis aux diverses séries d'épreuves et statue sur tous les incidents qui peuvent se produire.

Elle remet au Préfet le résultat du concours, accompagné des copies des candidats et d'un rapport signé par tous ses membres.

Le Préfet arrête définitivement la liste des candidats admis dans l'ordre où ils doivent être nommés.

Art. 17. — Les employés de tous grades ne sont nommés titulaires qu'après un stage d'un an, compté de date à date.

Le délai expiré, après avis des chefs de l'employé sur son aptitude et sa manière de servir, le Secrétaire général présente un rapport au Préfet, proposant soit le licenciement, soit la titularisation à la dernière classe de l'emploi.

. Le stage, qui ne pourra en aucun cas, dépasser une année comptée de date à date, sera rémunéré par une simple indemnité qui ne donnera pas lieu à retenue au profit de la Caisse des retraites. La durée du stage compte pour l'avancement.

ART. 18. — Les employés admis dans les cadres du personnel, qui seront ensuite appelés à accomplir leur service militaire, seront provisoirement remplacés par des intérimaires dont le choix est laissé au Préfet.

Les employés ainsi remplacés, seront réintégrés dans leur emploi dès leur rentrée dans leur foyer. Dans ce cas, l'employé intérimaire sera licencié sans droit à indemnité.

TITRE III

Traitements et indemnités

ART. 19. — Les traitements du personnel des bureaux de la préfecture et des sous-préfectures sont fixés ainsi qu'il suit :

CLASSES	TRAITEMENTS	CLASSES	TRAITEMENTS
Chefs de division		**Chefs de bureau**	
1re classe	11 600 »	Classe exceptionnelle.	8.900 »
2e —	11.100 »	1re classe	8.400 »
3e —	10.600 »	2e —	7.900 »
4e —	10.100 »	3e —	7.400 »
5e —	9 600 »	4e —	6.900 »
6e —	9.100 »	5e —	6 400 »
Rédacteurs principaux		**Rédacteurs**	
1re classe	7 600 »	1re classe	5.600 »
2e —	7.100 »	2e —	5.300 »
3e —	6.600 »	3e —	5.000 »
4e —	6 100 »	4e —	4.700 »
		5e —	4 400 »
		6e —	4.100 »
		Stagiaires	3 800 »
Expéditionnaires-dactylographes		**Huissiers, garçons de bureau. Concierges.**	
1re classe	5.600 »	1re classe	5 600 »
2e —	5 300 »	2e —	5.400 »
3e —	5 000 »	3e —	5 200 »
4e —	4.700 »	4e —	5.000 »
5e —	4 400 »	5e —	4 800 »
6e —	4.100 »	6e —	4 600 »
7e —	3 800 »	7e —	4.400 »
		8e —	4.200 »
		9e —	4 000 »
		10e —	3.800 »

Art. 20. —Indépendamment du traitement, les employés de la préfecture et des sous-préfectures reçoivent les indemnités suivantes :

a) *Indemnité de fonctions.* — Une indemnité est allouée aux chefs de division dans les limites des crédits prévus par le Conseil général.

b) *Une indemnité de résidence* dont le taux est celui fixé par le décret du 19 décembre 1919, c'est-à-dire :

400 francs pour les employés en résidence à Ajaccio et Bastia.

200 francs pour les employés en résidence à Corte et à Sartène.

c) *Une indemnité de cherté de vie* à tous les employés de la préfecture et des sous-préfectures, fixée à 720 francs par an.

d) *Une indemnité de charges de famille* pour ceux des employés qui ont à leur charge des enfants âgés de moins de 16 ans. Le taux de cette indemnité est fixée ainsi qu'il suit :

330 francs par an et par enfant, pour les deux premiers ;

480 francs par an et par enfant, à partir du troisième.

e) *Une indemnité aux employés du cabinet du Préfet* fixée ainsi qu'il suit :

400 francs par an au chef de bureau.

325 francs par an au rédacteur le plus ancien.

275 francs par an au second rédacteur.

200 francs par an à chacun des dactylographes et à la téléphoniste.

d) *Une indemnité pour le service téléphonique de nuit,* fixée à 600 francs par an, est allouée au concierge de l'entrée d'honneur de la préfecture.

TITRE IV

Avancement

Art. 21. — L'avancement dans chaque grade ou emploi a lieu d'une classe à la classe immédiatement supérieure.

Nul ne peut être promu à une classe supérieure s'il n'a

au moins, deux ans de service dans la classe qu'il occupe et s'il n'est porté à un tableau d'avancement dressé dans le mois de décembre de chaque année, par une commission de classement composée ainsi qu'il suit :

Le Préfet, président ;
Le Secrétaire général ;
Un Sous-Préfet ;
Les chefs de division.

Les chefs de division ne participent pas à l'établissement du tableau d'avancement qui concerne leur grade.

Les inscriptions au tableau ont lieu à raison de deux tours à l'ancienneté et un tour au choix.

Le nombre des inscriptions doit correspondre au nombre d'avancements de classe qui peuvent être prévus pour l'année.

Si, dans le courant de l'année le tableau est épuisé, il est dressé, dans les mêmes formes un tableau complémentaire.

Art. 22. — L'ancienneté est déterminée par le nombre d'années de services de l'employé dans la classe qu'il occupe à partir du jour de son dernier avancement. Il doit compter un minimum de deux années pour le choix et trois années révolues pour l'ancienneté.

Art. 23. — La promotion au grade de chef de bureau et de chef de division a lieu au choix.

Nul ne peut être nommé à l'un de ces emplois, s'il n'est porté sur un tableau d'aptitude dressé par la Commission prévue à l'article précédent. Les chefs de division ne participent pas au tableau d'aptitude qui concerne leur grade.

Les chefs de bureau sont choisis parmi les rédacteurs principaux ou les rédacteurs de 1re, 2e et 3e classe de la préfecture ou des sous-préfectures.

Les chefs de division sont choisis parmi les chefs de bureau de 1re, 2e et 3e classe.

Les inscriptions au tableau d'aptitude ont lieu suivant l'ordre d'ancienneté de service dans l'emploi ou les emplois occupés.

Le tableau d'aptitude ne doit comprendre qu'un nombre d'inscriptions correspondantes aux promotions prévues pour l'année.

Les nominations ont lieu dans l'ordre des inscriptions au tableau.

Tout employé qui est l'objet d'une promotion à un grade supérieur doit être affecté à la classe de ce grade, comportant un traitement immédiatement supérieur à celui qui lui était attribué dans le poste qu'il occupait.

Toutefois, dans le cas où la commission prévue à l'article précédent, aurait estimé qu'aucun employé ne peut être inscrit au tableau d'aptitude, le Préfet pourra nommer à un emploi vacant, un employé d'un autre département pourvu du même grade ou déjà porté au tableau d'aptitude pour le grade.

ART. 24. — Les employés de la préfecture ou des sous-préfectures peuvent être nommés dans un autre département soit par permutation, soit directement, pour y occuper un emploi comportant un traitement égal ou inférieur. Ils peuvent être nommés dans un autre département à la classe immédiatement supérieure s'ils figurent au tableau d'avancement de leur département d'origine et s'ils priment, par leur ancienneté de service dans la classe, le premier employé à nommer dans le département, où ils sont appelés.

TITRE V

Discipline

ART. 25. — Les peines disciplinaires sont :

L'avertissement.

Le blâme avec inscription au dossier.

Le retard dans l'avancement à l'ancienneté ou la radiation du tableau d'avancement.

La rétrogradation de grade ou de classe.

La suspension, sans que sa durée puisse excéder six mois.

La révocation.

L'avertissement et le blâme, avec inscription au dossier, sont prononcés par le Préfet ou le Sous-Préfet.

Les autres peines sont prononcées par le Préfet, après avis d'un Conseil de discipline composé du secrétaire général, président, d'un sous-préfet du département, d'un conseiller de préfecture désigné par le Préfet, du chef de division le plus ancien en grade et d'un employé du même grade que l'employé déféré ou d'un grade assimilé.

Ne peut siéger dans le Conseil de discipline, le chef de service de l'employé, sur le rapport duquel les poursuites disciplinaires ont été décidées.

L'employé traduit devant un Conseil de discipline peut récuser un de ses membres.

L'archiviste départemental et les chefs de service désignés à l'article 2 de la loi du 1er avril 1920, sont assimilés, pour la constitution du Conseil de discipline, aux chefs de division de la préfecture.

En cas d'empêchement du secrétaire général, la présidence est exercée par le sous-préfet.

Les conditions d'élection des délégués au Conseil de discipline sont réglées comme suit :

Les électeurs sont répartis en cinq sections :

a) chefs de division ;

b) chefs de bureau ;

c) rédacteurs principaux et rédacteurs ;

d) expéditionnaires et dactylographes ;

e) personnel de service.

Tous les employés, titulaires ou stagiaires, sont électeurs. Nul ne peut être élu que dans la section où il est électeur et s'il compte au moins deux années d'ancienneté dans son grade.

Les électeurs sont convoqués huit jours à l'avance par le Préfet.

Le vote a lieu sous double enveloppe.

Dans la première enveloppe, qui ne doit porter aucun signe extérieur, l'employé insère son bulletin. Cette première enveloppe est placée cachetée dans une seconde enveloppe sur laquelle l'employé indique ses nom, prénoms et son grade. Cette enveloppe est déposée au secrétariat général de la préfecture. Le personnel des sous-préfectures envoie ses votes par la poste à la préfecture.

Chaque bulletin de vote doit désigner deux employés de même grade que le votant : le premier, pour les fonctions de délégué titulaire, le second, pour les fonctions de suppléant.

Nul n'est élu au premier tour délégué titulaire ou délégué suppléant, s'il ne réunit la majorité absolue des suffrages des électeurs inscrits dans sa section.

Au deuxième tour de scrutin, l'élection a lieu à la majorité relative, quel que soit le nombre de votants.

Le dépouillement des votes est effectué, pour les cinq sections, le lendemain de l'élection, par un bureau composé du Secrétaire général ou d'un Conseiller de préfecture, président, d'un employé de chaque grade désigné par le Préfet et du Chef de division chargé du service du personnel.

Les délégués titulaires ou suppléants sont élus pour deux ans ; ils sont rééligibles.

Art. 26. — L'employé déféré au Conseil de discipline par le Préfet, est mis en demeure par lettre recommandée, de prendre connaissance à la préfecture de son dossier et de toutes pièces relatives à l'affaire.

Communication lui est donnée en même temps, des noms des membres appelés à siéger au Conseil de discipline et du suppléant du représentant du personnel.

Il lui est accordé un délai de dix jours francs, à dater de la mise en demeure ci-dessus, pour présenter sa défense, pour désigner, s'il y a lieu, son défenseur, ainsi que les personnes qu'il déclare faire entendre et pour exercer son droit de récusation.

Art. 27. — Le Conseil de discipline se réunit dans le mois qui suit l'expiration des délais prévus à l'article précédent. Il entend, sur sa demande, l'employé déféré. le défenseur s'il y a lieu, ainsi que les personnes citées par les parties et celles qu'il croit devoir convoquer spontanément. Il statue hors de la présence de l'employé.

Art. 28. — La délibération du Conseil de discipline n'est valable que si elle est prise par cinq membres au moins.

L'employé déféré bénéficie, s'il y a lieu, du partage des voix. L'avis du Conseil de discipline est motivé. Il est reproduit dans la décision du Préfet. Cette décision est notifiée à l'intéressé par lettre recommandée. Si la peine prononcée est celle de la suspension, il est tenu compte pour sa durée, de la durée de la suspension provisoire prévue à l'article suivant.

Art. 29. — En cas de faute grave ou en cas d'urgence, le Préfet peut exceptionnellement, prononcer la suspension d'un employé avant la comparution de celui-ci devant le conseil de discipline Si la peine prononcée ultérieurement n'est ni la révocation, ni la suspension, l'employé aura droit à son traitement pendant la durée de la suspension. En cas de suspension préalable, le conseil de discipline doit statuer dans le délai d'un mois.

TITRE VI

Dispositions générales

Art. 30. — Les employés de la préfecture et des sous-préfectures peuvent être mis en disponibilité sur leur demande, soit pour raisons de santé, soit pour convenances personnelles, pour une durée ne pouvant excéder deux années. Ils ne reçoivent alors aucun traitement et perdent tous droits à l'avancement pendant la durée de la disponibilité. Ils sont, sur leur demande, réintégrés dans leur emploi, dans la limite des vacances existantes, après examen médical constatant leur aptitude physique, s'il s'agit d'employés placés dans la position de disponibilité pour raisons de santé, sur leur simple demande s'il s'agit d'agents en disponibilité pour d'autres causes.

Les dactylographes disponibles, en instance de réintégration, subiront au préalable et suivant le cas, soit un examen médical et technique, soit un examen technique seulement.

Art. 31. — Les chefs de division pourront obtenir chaque année un congé de trente jours qui leur sera accordé par le Préfet sur la proposition du Secrétaire général. Les autres employés, pourront obtenir tous les ans un congé de 25 à 30 jours, suivant qu'ils restent en Corse ou se rendent sur le continent: congé qui leur sera accordé par le Secrétaire général sur la proposition du chef de division ou du chef de service. Toute absence de plus de deux jours en dehors des cas de maladie ou causes graves, sera défalquée du congé annuel.

Les congés des employés des sous-préfectures, sont accordés par les sous-préfets.

Les congés annuels peuvent être majorés de quelques jours, sur la proposition du Secrétaire général ou du Sous-Préfet et après avis du chef de division ou de service, pour les employés qui se signalent par leur zèle et leur dévouement.

En dehors des congés annuels, les congés exceptionnels de plus de 24 heures, quel qu'en soit le motif, doivent faire l'objet :

1° d'une demande motivée de la part de l'intéressé adressée au Secrétaire général ou au Sous-Préfet et revêtue de l'avis du chef de service.

2° d'une décision du Secrétaire général ou du Sous-Préfet, du Préfet lorsque l'absence doit être supérieure à 8 jours décision qui, après notification au chef de service et à l'intéressé, est annexée au dossier de l'employé.

Il ne pourra être accordé, dans le courant d'une année, pour des motifs autres que la maladie, plus de quinze jours de congé.

Les jours de congé ainsi motivés pour affaires personnelles, seront défalqués du congé annuel, s'ils ne sont justifiés par des motifs impérieux, tels que décès de parents, mariage, examen, etc...

Les demandes motivées pour raisons de santé doivent toujours être appuyées d'un certificat médical du médecin-traitant, l'Administration ayant la faculté de faire examiner l'intéressé comme il est dit ci-dessous.

Les absences jusqu'à 24 heures sont autorisées par les chefs de division ou chefs de service.

En cas de maladie, justifiée et constatée par un médecin désigné par l'administration, avec droit pour l'intéressé de se faire visiter par un autre médecin, et en cas de désaccord par un 3e médecin désigné par les deux premiers, — les frais de visite, restant à la charge de l'administration, — l'employé a droit, pendant la durée de la maladie ou de la convalescence, au traitement entier jusqu'à 3 mois d'absence. Le traitement est ensuite réduit de moitié pendant une nouvelle période de trois mois à l'expiration de laquelle intervient une décision admettant l'employé à faire valoir ses droits à la retraite dans les conditions fixées par le règlement de la Caisse départementale des retraites ou le plaçant dans la position de disponibilité.

Un congé de deux mois avec traitement entier est accordé aux dames employées à l'occasion de leurs couches (un mois avant et un mois après les couches).

Art. 32. — Un règlement spécial d'ordre intérieur règlera les attributions des bureaux, les rapports entre les agents de chaque grade, les responsabilités de chacun, les méthodes de travail et la discipline intérieure.

Art. 33. — Les dispositions antérieures et contraires au présent règlement sont et demeurent aborgées.

Art. 34. — M. le Secrétaire général de la préfecture et MM. les Sous-Préfets sont chargés, chacun en ce qui le concerne, de l'exécution du présent arrêté.

Fait à Ajaccio, le 22 décembre 1921.

Le Préfet de la Corse,
Georges THOMÉ.

RÈGLEMENT INTÉRIEUR

Le Préfet du département de la Corse, Chevalier de la Légion d'Honneur,

Vu le règlement organique du personnel des bureaux de la Préfecture et des sous-préfectures de la Corse en date du 22 décembre 1921.

ARRÊTE :

TITRE Ier

ATTRIBUTIONS

ART. 1er. — Le nombre et les attributions des bureaux de la préfecture sont fixés conformément au tableau ci-après :

CABINET

Ouverture et distribution du courrier. Audiences. Chiffre. Personnel des diverses administrations. Conseils et commissions. Consuls. Réquisition de la force publique. Décorations. et distinctions honorifiques. Belles actions. Prix divers. Honneurs et préséances. Débits de tabacs et poudres à feu. Police (personnel). Loteries. Jeux. Presse : déclaration et dépôt légal. Gardes champêtres. Gardes particuliers. Grèves. Secours à divers titres. Candidatures à divers emplois. Médecins assermentés. Service sanitaire maritime. Recueil des actes administratifs. Affaires confidentielles et réservées.

1re DIVISION

1er BUREAU

Travaux publics. — Ponts et chaussées. Routes nationales, départementales et forestières. Ponts. Alignements. Emplacements. Police de roulage. Service hydraulique.

Dérivation et règlementation des eaux. Chemins de fer départementaux. Projets de lignes diverses. Ports maritimes. Mines. Appareils à vapeur. Automobiles. Dynamite. Usines d'énergie électrique. Office du tourisme.

Police générale. — Etrangers. Naturalisations. Contrôle des naturalisés. Recensement et contrôle des étrangers, cartes d'identité. Ouvriers étrangers : contrôle, cartes d'identité. Marchands ambulants, forains, nomades. Voyageurs de commerce : cartes d'identité. Passeports. Mouvement des voyageurs. Vente et colportage d'imprimés ou écrits périodiques. Congrégations religieuses. Associations libres et déclarées. Jury criminel. Assistance judiciaire. Expulsions. Extraditions. Interdictions de séjour. Anarchistes. Rélégués. Recherches dans l'intérêt des familles. Bulletin spécial des déserteurs et des insoumis.

Achat d'armes. Destruction des animaux nuisibles. Chasse. Pêche fluviale.

Police municipale et rurale (contrôle des arrêtés des maires).

Alcoolisme (répression de l'ivresse publique). Débits de boisson (distance à observer). Spectacles publics. Théâtres. Cinémas. Cafés. Concerts. Bals. Réunions sportives.

Administration pénitentiaire. — Maisons d'arrêt. Services économiques. Hospitalisation. Evasions. Ventes. Transfèrements. Recours en grâce. Pupilles détenus. Commissions de surveillance. Libérations conditionnelles. Encellulement. Réhabilitation.

Service des domaines. — Annonces judiciaires et légales. Baux à loyer. Biens domaniaux. Officiers ministériels. Epaves.

Agriculture. — Améliorations agricoles. Mise en culture des terres abandonnées. Culture du blé et du tabac. Main-d'œuvre indigène. Syndicats d'élevage. Concours agricoles. Concours de la race ovine. Comités d'action agricole. Office départemental agricole (partie administrative). Foires et marchés (contrôle). Statistique de la viande abattue. Mercuriales. Epizooties.

Services divers. — Commissions paritaires. Cartes de circulation à tarif réduit. Services aéronautiques. Victimes civiles de la guerre.

2ᵉ BUREAU

Elections. — Listes électorales, listes des électeurs commerçants, listes des électeurs des chambres d'agriculture. Elections municipales, départementales, législatives, sénatoriales, chambres et tribunaux de commerce, chambres d'agriculture.

Etat-civil. — 1º papier timbré pour les registres d'état-civil à répartir dans les communes du département. 2º Extraits d'actes d'état-civil réclamés aux maires. 3º Statistique des actes d'état-civil (bulletins).

Plaintes contre les maires. Légalisations. Casiers administratifs électoraux. Chambres de commerce : comptes et budgets. Droits de péage. Renseignements d'usage. Dénombrement, recensement et mouvement de la population.

2ᵉ DIVISION

1ᵉʳ BUREAU

Administration générale des communes. — Délibérations diverses des conseils municipaux. Aliénations, acquisitions et échanges de terrains. Location des propriétés communales. Création de communes, de sections de communes et de commissions syndicales. Changement de dénomination des communes.

Travaux communaux. — Instruction de projets de travaux. Demandes de subventions pour adduction d'eau potable. Commission d'architecture dite « des bâtiments civils ».

Répartiteurs et classificateurs. — Nominations.

Dons et legs.

Biens des anciennes fabriques. — Attribution aux communes ou aux bureaux de bienfaisance, comptes du sequestre. Main-levée.

Etablissements de bienfaisance. — Création de bureaux. Location des biens. Adjudications, marchés de gré à gré.

Comptabilité. — 1° COMMUNES. — Règlement des budgets, vérification et approbation des comptes administratifs. Notification des impositions communales annuelles. Impositions extraordinaires. Emprunts. Vote de crédits. Situation financière annuelle des communes. Subventions diverses aux communes. Traitement des receveurs municipaux et spéciaux. Admission en non-valeurs de produits communaux. Certificats de vie aux titulaires de pensions.

2° HOSPICES. — Règlement des budgets et approbation des comptes.

3° BUREAUX DE BIENFAISANCE. — Règlement des budgets et approbation des comptes de l'arrondissement chef-lieu. Contrôle des budgets et comptes des bureaux du département.

Cotisations municipales et particulières. -- Traitement des commissaires de police. Impressions à la charge des communes. Dépenses des commissions arbitrales des loyers. Frais de confection des rôles et matrices et des registres de l'état-civil. Frais de timbre à la charge des communes Dépenses de travaux d'intérêt commun. Divers salaires. Abonnements à diverses publications. Fonds commun des amendes de police correctionnelle etc,..

Stations climatiques, hydrominérales, thermales et touristiques. — Instruction des demandes de classement des communes comme stations climatiques, hydrominérales ,thermales ou touristiques. Fonctionnement.

Chambres d'industrie climatique, hydrominérale, thermale et touristique. — Instruction des demandes de création. Fonctionnement.

Taxes de séjour. — Instruction des demandes d'établissement de ces taxes.

Transports maritimes postaux. — Organisation. Horaires. Correspondance générale.

Hommages publics. — Dénomination des rues, places publiques, écoles etc..... Monuments aux morts de la Guerre Instruction des projets et demandes de subventions. Examen des projets par la Commission spéciale.

Affaires forestières. — Projets de soumission au régime forestier. Distraction du régime forestier. Aménagements. Taxes de pâturage. Vente de coupes de bois. Concessions dans les forêts communales et domaniales. Prises d'eau, passages. Coupes délivrées en nature aux communes. Délimitation. Bornage.

Cimetières. — Agrandissements, translations, concessions.

Octrois — Créations et suppressions. Instruction des demandes de prorogation ou de modification des actes constitutifs. Adjudication des taxes.

2e BUREAU

Instruction publique et Beaux-Arts. — Enseignement primaire. Projets d'acquisition, de construction et d'appropriation de groupes scolaires. Créations et suppressions d'écoles. Correspondance générale, pour location et entretien des locaux. Contrôle des baux.

Conseil départemental de l'enseignemnt primaire. — Composition. Convocations. Préparation des affaires à soumettre.

Personnel enseignant. — Promotions et titularisations. Exéats. Détachements et dispenses. Indemités de logement et de résidence. Mises à la retraite.

Indemnités aux maîtresses de couture. — Subventions aux communes.

Fonctionnement des caisses des écoles. — Subventions. Créations.

Bibliothèques scolaires. — Concession de matériel d'enseignement. Dons de livres.

Vacances scolaires. — Arrêtés fixant les congés et vacances dans les écoles.

Enseignement primaire supérieur. — Création d'écoles primaires supérieures. Correspondance générale pour location des locaux.

Enseignement privé. — Déclarations d'ouverture d'écoles. Oppositions.

Bourses des lycées et collèges. — Instruction des demandes. Propositions au ministre.

Bourses de l'enseignement primaire supérieur. — Propositions d'attribution.

Collèges communaux. — Budgets et comptes. Adjudications, marchés, etc....

Ecoles normales. — Budgets et comptes. Récolement du matériel et du mobilier. Situation de la caisse et du magasin, adjudications et marchés de fournitures. Fixation du nombre des élèves à admettre.

Beaux-Arts. — Musées. Nomination des conservateurs. Objets classés. Récolement.

Sites et monuments historiques et de caractère artistique. — Commission départementale de classement des monuments de caractère artistique. Travaux de protection. Récolement.

Extension et embellissement des villes et villages. — Application de la loi du 14 mars 1919. Instruction des projets. Organisation et fonctionnement de la Commission spéciale du département.

Commission météorologique. — Organisation de la commission départementale. Convocation. Travaux annuels.

Postes et télégraphes. — Location des immeubles affectés aux bureaux. Création de bureaux de postes et télégraphes. Fermeture. Agences postales. Service téléphonique.

Travail et commerce. — Conseil supérieur du travail. Accidents du travail. Inspection du travail. Chômage. Travail dans l'industrie. Caisse autonome des ouvriers mineurs. Journée de 8 heures. Repos hebdomadaire. Travail de nuit. Travail des femmes et des enfants dans l'industrie. Brevets d'invention. Propriété industrielle et commerciale. Magasins généraux. Crédit au moyen et petit commerce.

3e DIVISION

1er BUREAU

Service départemental. — Comptabilité générale et administration du département. Comptes et budgets. Conseil général. Commission départementale. Conseils d'arrondissement. Répartement de l'impôt. Personnel administratif. Personnel de la préfecture et des sous-préfecture. Service des bâtiments départementaux. Emprunts départementaux. Casernement de la gendarmerie. Assurance des bâtiments départementaux. Cour d'appel, tribunaux et parquets : menues dépenses, personnel, loyers. Loyers des sous-préfectures. Impressions départementales. Caisse départementale des retraites : statuts, liquidation des pensions. Eaux thermales départementales. Taxes télégraphiques. Moyens de transports et rapatriements. Office départemental d'hygiène sociale.

Ministère de l'intérieur. — Comptabilité générale. Franchise télégraphique. Pensionnaires de l'Etat. Traitements de la légion d'honneur et de la médaille militaire. Emplois réservés aux anciens militaires.

Ministère des pensions. — Comptabilité.

2e BUREAU

Ministère des finances. — Comptabilité générale. Impôt sur les traitements et salaires. Débiteurs envers le Trésor. Impôt sur le chiffre d'affaires. Etats de poursuites des porteurs de contraintes. Allocations aux petits retraités de l'Etat (Régularisation des paiements).

Ministère de la justice et administration pénitentiaire. — Comptabilité générale. Personnel judiciaire (cour d'appel,

tribunaux, justices de paix et greffiers. Transport de con-
damnés. Personnel des prisons. Entretien des détenus.

Ministère de l'agriculture. — Comptabilité générale.
Avances remboursables. Primes à la sériciculture, à la culture du châtaignier. Secours pour pertes. Écoles d'agriculture. Chambres consultatives d'agriculture (comptes et
budgets). Office départemental agricole (partie financière).
Répression des fraudes. Impôt sur les bénéfices agricoles.

Ministère de l'Instruction publique et des Beaux-Arts. —
Comptabilité générale. Avances remboursables sur pensions.

*Ministère de l'assistance. de l'hygiène et de la prévoyance
sociales.* — Comptabilité générale. Service sanitaire maritime (comptes et budgets).

Ministère du travail. — Comptabilité générale. Allocations au décès (retraites ouvrières et paysannes).

Ministère du Commerce et de l'Industrie. — Comptabilité
générale. Poids et mesures.

Ministère de la marine. — Invalides de la marine. Man-
dats. Secours.

Ministère des colonies. — Pensions. Affaires diverses.

Ministère des travaux publics. — Affaires diverses.

Ministère des Affaires Etrangères. — Pensions. Secours.
Affaires diverses.

BUREAU MILITAIRE

Affaires militaires (formation des classes, conseil de re-
vision, etc.). Écoles militaires. Réquisitions militaires.
Emplois réservés (commissions d'examen). Diplômes aux
morts de la grande guerre. Comité départemental de ravi-
taillement. Sépultures militaires. Allocations de la loi du
7 août 1913. Dommages de guerre. Sapeurs-pompiers.
Pigeons-voyageurs. Sociétés de préparation militaire. Recensement et classement des chevaux, voitures et véhicules
automobiles. Monte. Concours de poulinières. Concours

.hippiques. Haras (affaires diverses). Comité départemen-
de l'enseignement technique. Écoles d'arts et métiers. Écoles nationales professionnelles. Écoles pratiques du commerce et de l'industrie. Enseignement technique post-sco-
laire. Habitations à bon marché. Crise du logement. Syndicats professionnels. Colonisation. Foires et marchés
(création). Coopératives. Caisses d'épargne. Rentes viagè-
res. Offices de placement.

GREFFE DU CONSEIL DE PRÉFECTURE

Procédure des affaires à soumettre au Conseil de préfecture. Comptes de gestion des comptables communaux.
Demandes en remise et en décharge de contributions.

ASSISTANCE PUBLIQUE

Assistance aux vieillards (Administration et contrôle).
Assistance aux familles nombreuses (Administration et
contrôle). Assistance aux femmes en couches (Administration et contrôle). Assistance médicale gratuite (Administration et contrôle). Primes d'allaitement. Primes à la
maternité. Médaille des familles nombreuses. Soins gra-
tuits aux prisonniers de guerre. Sourds-muets et aveugles.
Hôpitaux et hospices. Commissions administratives des
hospices et bureaux de bienfaisance. Bureaux d'assistance. Enfants anormaux. Aliénés. Mutualité. Etablissements
dangereux, insalubres et incommodos. Statistique générale
de la France. Hygiène et santé publique. Hospice national
des quinze-vingts. Commissions cantonales.

TITRE II

Fonctionnement du bureau

ART. 2. — Le bureau placé sous la surveillance d'un chef
de bureau est composé de 2 rédacteurs et d'un expéditionnaire.

Art. 3. — **Chef de bureau.** — Le chef de bureau doit :

1º veiller à ce que les employés rentrent aux heures fixées et durant les heures de travail, s'appliquent à leur tâche avec l'attention indispensable ;

2ᵉ assurer le fonctionnement régulier de son bureau, notamment en ce qui concerne le classement et la tenue en ordre des dossiers, l'observation des délais, la délivrance des rappels, de manière à éviter tout retard, obtenir la solution en temps normal et dans les conditions prescrites par les règles administratives, des affaires attribuées au bureau ;

3º à la fin de chaque semaine, examiner les registres d'ordre ainsi que les cartons des affaires en instance ;

4º signaler, le cas échéant, tout manquement au chef de division.

Art. 4. — **Rédacteurs.** — Les rédacteurs reçoivent du chef de bureau le courrier. L'objet des pièces rentrées est indiqué d'une manière sommaire, mais précise, sur un registre d'ordre tenu très soigneusement par chaque rédacteur, chacun en ce qui le concerne.

Ils doivent avoir un carton des affaires en instance et un carton des affaires à classer.

Les affaires seront suivies très régulièrement avec la plus grande attention.

Une réponse immédiate sera faite à tous les correspondants.

Si l'affaire exige un délai, il leur en sera donné avis par un pris-note.

Art. 5. — Des rappels doivent être adressés périodiquement (chaque samedi) pour les affaires non solutionnées dans les délais voulus. Les rédacteurs exposeront au chef de bureau les difficultés qu'ils auront rencontrées dans leur service. Ce dernier en référera au chef de division.

Art. 6. — Chaque soir, les rédacteurs remettront au chef de bureau le carton des affaires traitées (minutes ou expéditions) que la dactylographe leur aura remises et qu'ils auront collationnées et le carton des affaires solutionnées ; ils lui rendent compte des affaires dont l'examen est renvoyé au lendemain.

ART. 7. — Le chef du bureau procède aux vérifications nécessaires et soumet au chef de division les affaires destinées au visa et à la signature.

ART. 8. — Dès que le carton du visa est revenu au chef de division, celui-ci en retire les minutes ayant donné lieu à des rectifications de M. le Préfet ou de M. le Secrétairs général, et les communique au chef de bureau avec ses observations.

ART. 9. — Dès retour également, les expéditions sont remises aux rédacteurs qui en vérifient de nouveau la composition, enregistrent la date du départ. Les affaires terminées, seront contrôlées par le chef de bureau et rendues aux rédacteurs chargés d'en effectuer le classement dans leur casier.

A ce propos, il importe de tenir la main à ce que :

1° les pièces des dossiers soient cotées ;

2° les chemises les renfermant comportent les titres et sous-titres de façon à faciliter les opérations de classement et la consultation rapide des dossiers par tout le personnel.

Ce classement des dossiers aura lieu méthodiquement et régulièrement.

Les minutes et expéditions doivent, sauf nécessité contraire, être écrites sur feuilles simples, et les dossiers ne doivent contenir aucune feuille blanche inutile.

Les papiers sans intérêt, doivent être immédiatement dégagés

ART. 10. — Les rédacteurs tiendront leurs affaires avec le plus grand soin et dans l'ordre le plus rigoureux. Leurs tables doivent être débarassées de pièces inutiles ; les dossiers disposés de façon à faciliter les recherches en leur absence ; aucun papier ne devra traîner sur les tables après leur sortie, tout devant être soigneusement rangé avant la fermeture des bureaux, afin d'en permettre un parfait nettoyage.

Art. 11. — Chaque rédacteur appose le timbre dateur de la division sur son courrier d'arrivée, en assure l'expédition et procède au classement des affaires, etc... Prépare les cartons pour la signature.

Art. 12. — **Le Dactylographe.** — 1º Assure l'expédition des minutes et des copies, le collationnement des expéditions dactylographiées et effectue les rectifications nécessaires ;

2º remet aux rédacteurs les expéditions des affaires les concernant ;

3º seconde, le cas échéant, le commis d'ordre. Lorsque sa tâche est terminée, elle avise le chef de bureau.

TITRE III.

Observations générales

Art. 13. — **Le Chef de Division.** — Classera par ordre et avec méthode les lois, décrets, règlements et instructions concernant ses services.

Il doit placer dans chacun des dossiers ainsi constitués, toutes les instructions d'ordre général, ainsi que les copies des extraits de décisions, qui, quoique relatives à des affaires particulières, constituent des décisions de principe et revêtent le caractère d'instructions d'ordre général.

Art. 14. — Tout employé, quel que soit son grade, pourra être appelé par le chef de division à passer d'un bureau à l'autre, suivant les besoins du service.

Art. 15. — Les communications au public pour affaires administratives relevant du bureau, doivent être réduites au minimum de temps, toutes satisfactions données aux intéressés.

Le personnel doit ne pas perdre de vue, que la fonction n'est pas faite pour l'employé, mais que l'employé est fait pour la fonction.

Il doit accueillir le public avec urbanité et lui fournir de même les renseignements qu'il désire.

Art. 16. — Aucun employé d'un bureau ne pourra, sans l'autorisation du chef de division : 1º se rendre dans un autre bureau ; 2º sortir en ville quels que puissent être le motif et la durée de cette absence.

Les visites particulières au personnel sont interdites. En cas de communication urgente à un employé, la personne qui aurait à la faire, la soumet au chef de division.

TITRE IV.

CONGÉS (Fêtes locales et légales)

Art. 17. — Conformément à l'usage, les bureaux de la préfecture vaqueront les jours ci-après désignés :

Fêtes légales

1ᵉʳ Janvier — 2 Janvier ;
Lundi de Pâques — Ascension — Lundi de la Pentecôte ;
4 Juillet (Fête de l'indépendance de l'Amérique) ;
14 Juillet ;
15 Août ;
La Toussaint ;
11 Novembre, anniversaire de l'armistice ;
Noël.

Fêtes locales

17 Janvier (St-Antoine) après-midi ;
18 Mars Miséricorde, fête patronale ;
19 Mars (St-Joseph) après-midi ;
Mardi gras ;
Mercredi des Cendres, la matinée ;
Samedi Saint ;
2 Novembre, les Morts.
26 Décembre.

Art. 18. — Les dispositions prévues aux titres II, III et IV § 1er (fêtes légales) sont applicables aux sous-préfectures.

Les congés accordés au personnel des sous-préfectures à l'occasion des fêtes locales célébrées au chef-lieu d'arrondissement sont réglés par arrêté des Sous-Préfets, soumis à l'approbation du Préfet.

Art. 19. — Sont et demeurent abrogées toutes dispositions contraires au présent règlement.

Art. 20. — Le Secrétaire Général, les Sous-Préfets et les chefs de division sont chargés de l'exécution des dispositions du présent règlement.

Fait à Ajaccio, le 22 décembre 1921.

Le Préfet de la Corse,

Georges THOMÉ.